A CHAVE DO MAR

FERNANDO MOREIRA SALLES

A chave do mar

Desenhos de
Paulo Monteiro

Copyright © 2010 by Fernando Moreira Salles

Grafia atualizada segundo o Acordo Ortográfico da Língua Portuguesa de 1990, que entrou em vigor no Brasil em 2009.

Capa
Kiko Farkas/ Máquina Estúdio

Edição
Heloisa Jahn

Revisão
Márcia Moura
Viviane T. Mendes

Dados Internacionais de Catalogação na Publicação (CIP)
(Câmara Brasileira do Livro, SP, Brasil)

Salles, Fernando Moreira
A chave do mar / Fernando Moreira Salles ; desenhos de Paulo Monteiro. — São Paulo : Companhia das Letras, 2010.

ISBN 978-85-359-1752-9

1. Poesia brasileira I. Monteiro, Paulo. II. Título.

10-09560   CDD-869.91

Índice para catálogo sistemático:
1. Poesia : Literatura brasileira 869.91

[2010]

Todos os direitos desta edição reservados à
EDITORA SCHWARCZ LTDA.
Rua Bandeira Paulista 702 cj. 32
04532-002 — São Paulo — SP
Telefone (11) 3707-3500
Fax (11) 3707-3501
www.companhiadasletras.com.br

Para Claudia

Vive quel foco ancor
G. Leopardi

Sumário

Madrugada, 13
Legado, 14
Do mar, 15
Voz, 16
Nu, 19
Navegante, 20
Noite, 21
Paisagem, 22
Ritos de passagem, 24
Do tempo, 25
Ícaro, 27
Memorando, 28
Beleza, 29
Amiga, 30
Anotação de viagem, 32
Ave, 33
Corpo presente, 34
Trapézio, 36
Natal, 37
Física, 39
Óbvio, 40
Solfejo, 41
Chronos, 42
Despedida, 44
Visita, 45
Abismo, 46

Galo, 49
Maio, 50
Laudo, 52
Godot, 53
Assombro, 54
Contra Rousseau, 56
Contra Sartre, 57
Xilogravura, 59
Proustiana, 60
Ária, 61
Espelho, 62
Linguística, 64
Cidades imaginárias, 66
De tempo e de vento, 67
Desiderato, 68
Travessia, 70
Rosa dos ventos, 72
A volta, 73
Legado II, 75

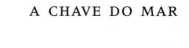

Madrugada

Viajante
parto
no pouco mar
desta aurora

Parto
sem norte
lerda ave
fugindo do tempo

Legado

Não há dor
partilhável
nem lamento
que se ouça

É pequeno
o destino
do teu sonho
e do meu

Se alguém
te viu passar
se o caminho
te pertence
  segue
e sorri

Do mar

A lembrança
nasce
no quieto horizonte
como ondas
de outras manhãs

dicção de espuma
esperanto
trilha e compasso
do Posto Três

Voz

Átimo
instante
entre marés

Algo
me nomeia
busca minha mão

Não diz
onde é o poente
se a noite será calma
se a onda
leva ao dia
se há o tempo
de um aceno

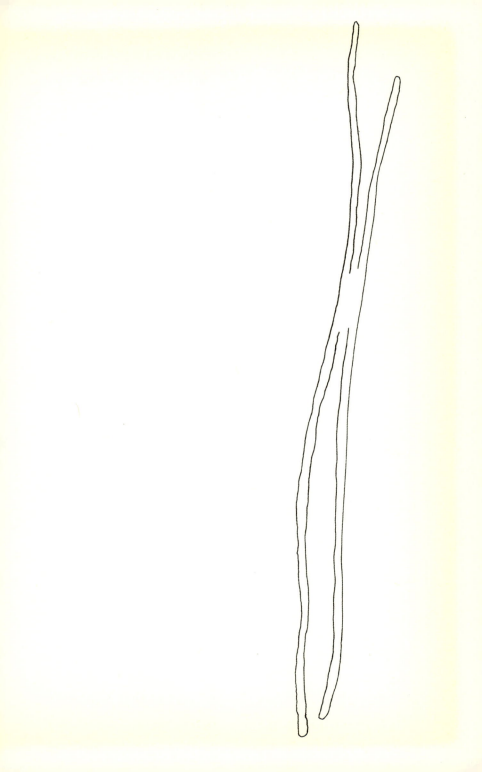

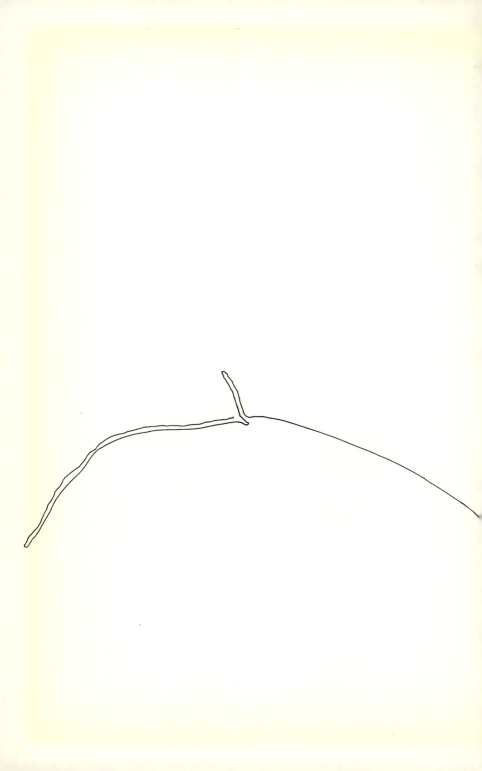

Nu

Só
neste mar
dispo
minha sombra

Só
neste mar
sou outro
que ela

Navegante

No ar que me falta
enfuno a vela
a boreste
ergo
esquálido estandarte
barão assinalado
aos becos deste mar
onde aves
devoram
peixes derradeiros
vidas de prata
que nadam
extáticas
no tempo
que resta

Noite

Fria
escura hora
espera
pela madrugada

lá
quem sabe
ainda
é verão

Paisagem

> *Não vejo e arde*
> *não sei e é*
> *tarde*
> A. F. De Franceschi

De volta
procuro vestígios
do que me soube
   febre, querer
   começo, fim
marcas
do percurso

Encontro
o vento
sopro feito sombra
e quimeras
em pedaços
nas escarpas
de carne e palavra

E ali
adiante:
a Ilha Rasa

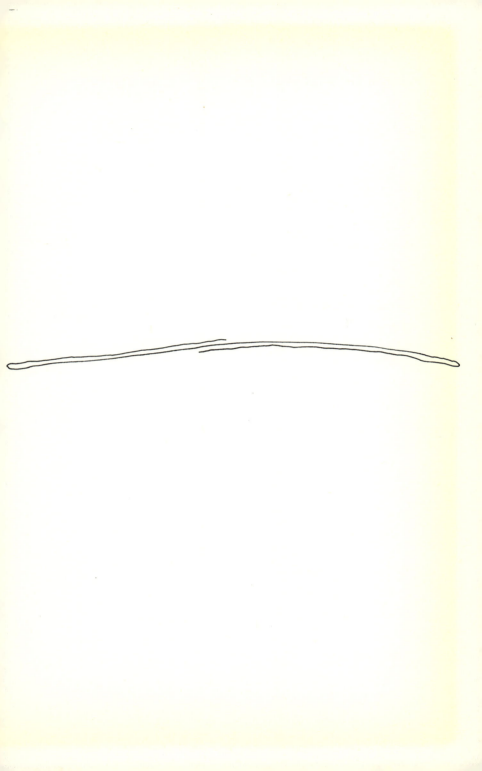

Ritos de passagem

Na tarde
exausta
rasguei
nossos mitos

Deixo palavras
à espera da chuva
que sei
não tarda

Do tempo

Para José Mindlin

Hora descarnada
não lembra
não tarda
hora rasa
nomeia a todos
convoca os deuses
e sem demora
vira a página

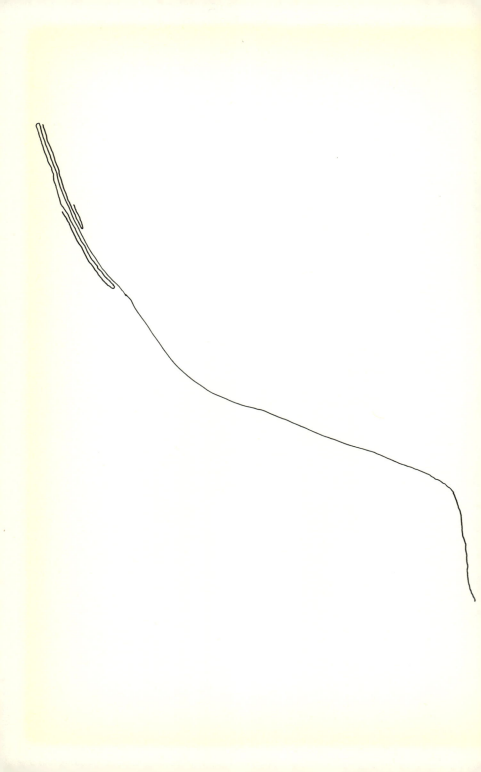

Ícaro

O sol
que cega
a manhã
desperta
a derrota
do meu voo

Memorando

Esta tarde
antes que a sombra
vá
salgar caminhos pela noite
visito ruínas
e ouço o vento
nas frestas
de pudor e medo

Assim
me lembro

Beleza

Sua luz
me toca
no vazio
onde mora o poeta

Amiga

Esta noite
trago
um verso
    esta baça
    risível luz

Anotação de viagem

Só me sei
onde não sou

Ave

Nem partida
nem retorno
só
o voo breve
riscando a tarde

Corpo presente

Difícil
mesmo
amar o próximo
aquele
outro
em nós

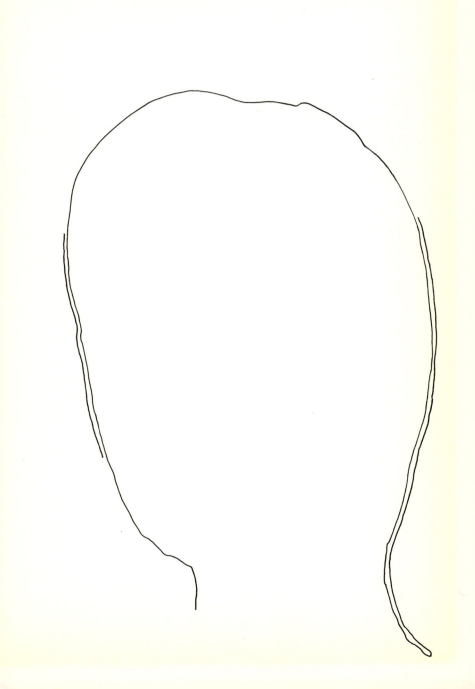

Trapézio

uma luz
desabrida

um rufar
do tambor

só mesmo
aquele instante

Natal

Hoje
calo o verso
com que engano
o poeta que me habita
e lembro
   um menino
   filho de carpinteiro
a quem busco
nas catedrais do instante
na dor das calçadas
na noite indiferente

É Natal
Dá-nos, menino
ao menos esta noite
a tua mão

Física

Meu corpo
meu peso

Meu voo
suspenso

Óbvio

cada dia
resmungo
não ter tempo

sei
o tempo
é que me tem

Solfejo

Canto
o verso
que toca
em mim:
um breve
   con mosso
acalanto
atonal

Chronos

> *Qu'as tu fait*
> *dis*
> *pour être là?*
> L. Ray

Não fui
o que quis
não tive
o que falta

Resta
a memória do dia
o verso que canto

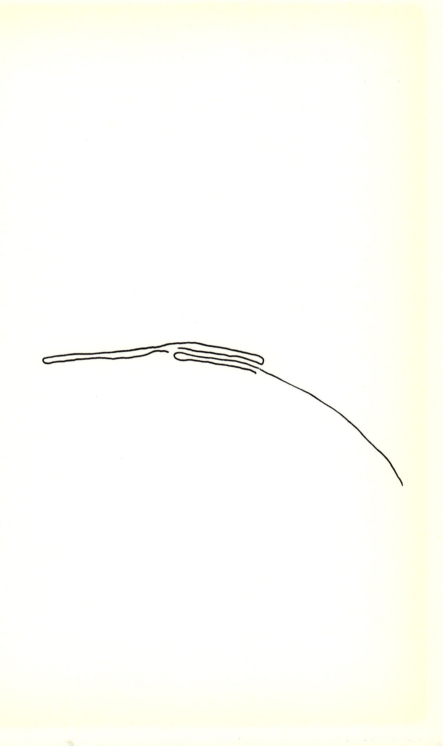

Despedida

De meu sonho
pouco sou
e poeta
se o fosse

Vou
saber meu corpo
antes da manhã
saber meu sonho
antes da noite

Visita

ela chega
com o vento

e despreza
outros
insones
à sua espera

Abismo

Esse nada
iníquo
todo meu

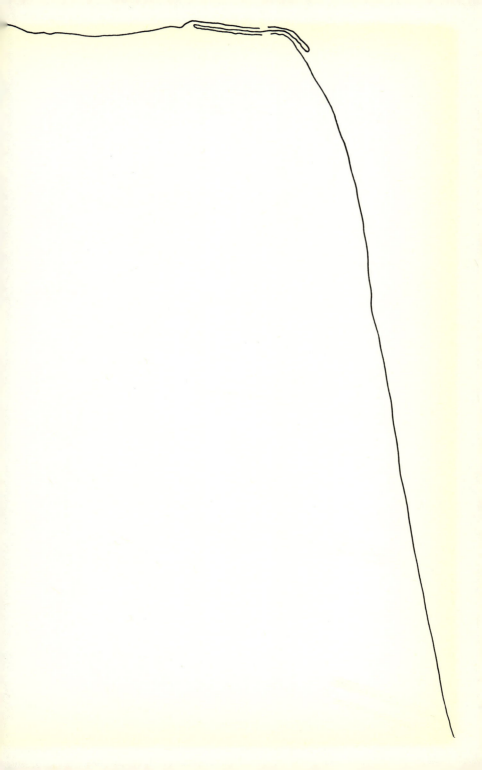

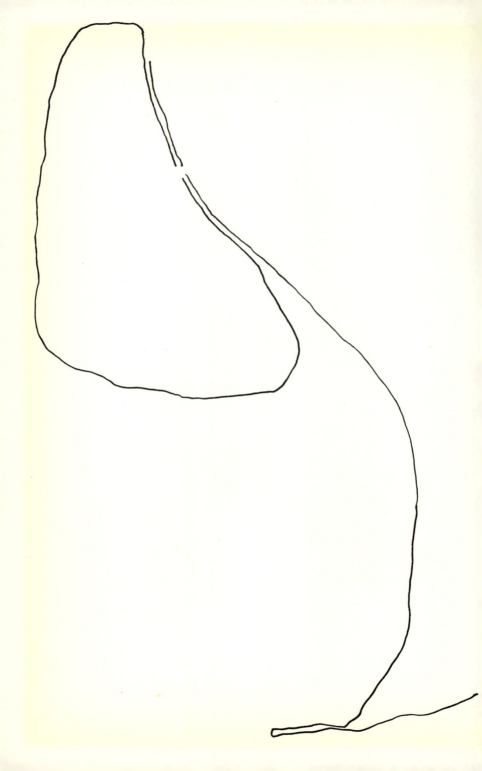

Galo

Teu canto
inútil, descabido
veste
a noite fria

Maio

> *Birthday, death day*
> *what day is not both?*
>
> J. Updike

Neste fim de maio
estranho cortejo
um
depois o outro
o que foi
o que irá
tudo, assim
como quer o Deus

Então
porque dói
e assombra
neste fim de maio
a lembrança
que já não rasga
não salga a ferida
e nem por isso
é amiga?

Resta
a fresca folhagem
daquele pau-brasil
que cresce
viçoso
como o sonho
que um dia
soube ter

Neste fim de maio
nem fim
nem começo
só
um
depois o outro

Laudo

Ouço
o que canta

Sinto
o que fere

Pouco
sou

Godot

> *Dei-te*
> *a solidão do dia inteiro*
> S. M. Breyner Andresen

te aguardo
à beira de mim
como se valesse
minha pena

Assombro

> *Não doas*
> *que morrer é continuar*
> F. Pessoa

No correr
deste dia
trago
o medo
de um fim
que seja
começo

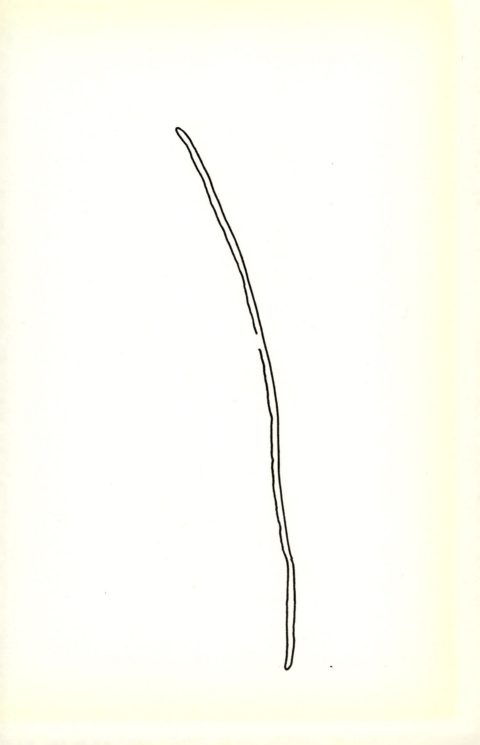

Contra Rousseau

> *Todos se acostumam*
> *a tudo*
> J.-J. Rousseau

Às vezes
esqueço
dói mais
se não lembro

Contra Sartre

Antes
do nada
é tudo
virtual

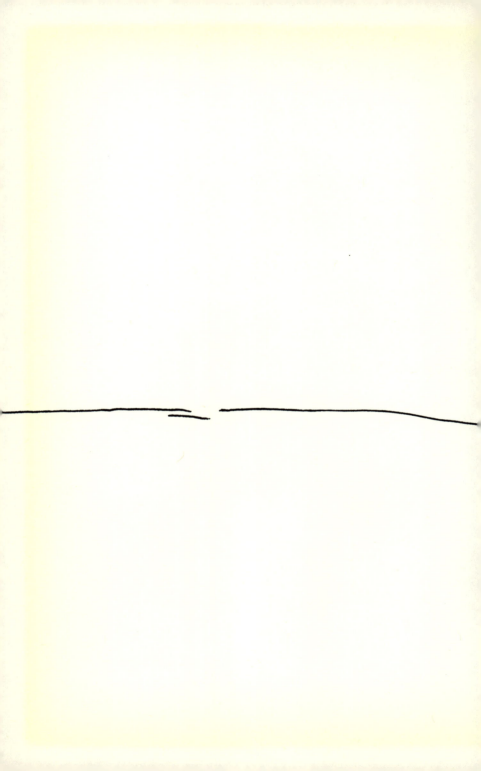

Xilogravura

O que espera
mora
na lua fria
que trago no peito

Ainda assim
    a chama que resta
    onde acendo
    solene
minha bituca

Proustiana

A memória
traz a luz
　estuante
como foi

Quanto ao resto
pouco, tanto
　já não lembro
mas sei

Ária

Meu sonho
tem medo
do meu canto
por isso
mal
canto

Espelho

> *És o que te sonha*
> T. A. Neves

cada
verso
retrato
reverso

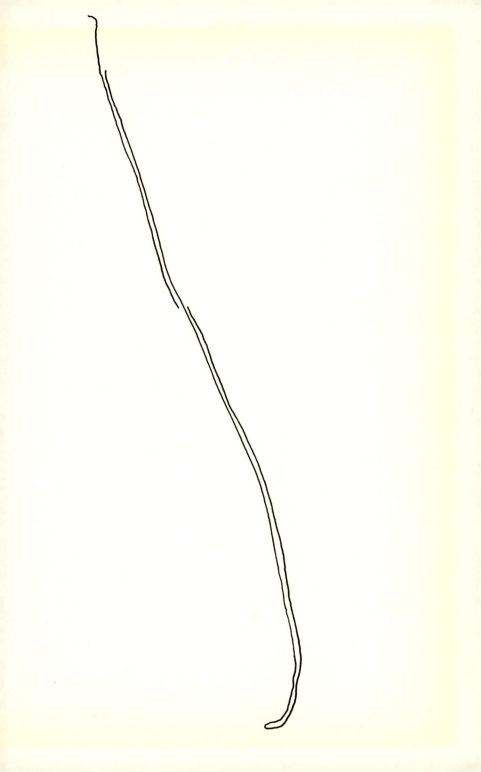

Linguística

Busco
um idioma

Busco
a palavra nua
que as palavras
escondem

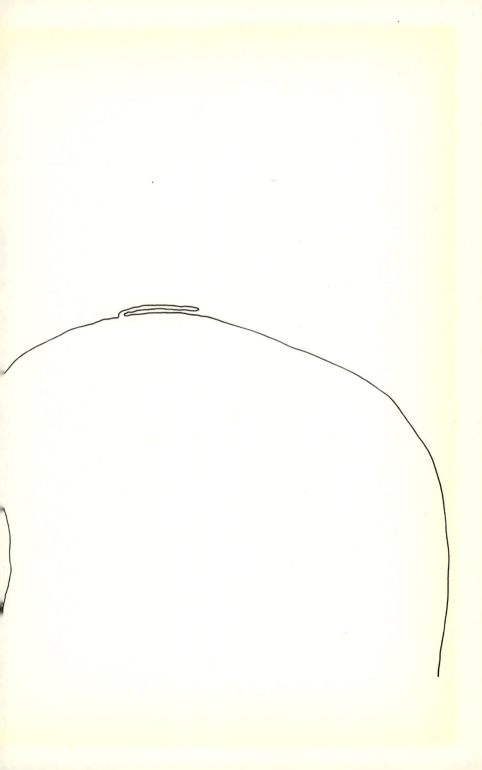

Cidades imaginárias

Lo que se pierde
es lo que queda
J. Cortázar

Na tarde
   estrangeira
   a lembrança:
pequenas vitórias
feridas inglórias
     meu parco
     risível legado

De tempo e de vento

> *Todo pasa*
> *y todo queda*
> A. Machado

No vento
que sopra
ouço:
o tempo
em nós
  mente

Desiderato

Ser
aquela sombra
mais um dia
até a noite

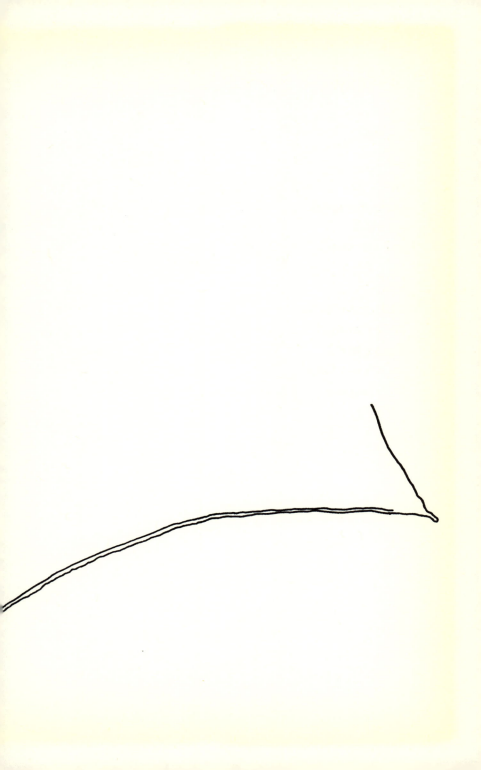

Travessia

Nesta nau
trago miragens
e a brisa
que me sopra

Viajo
senhor das velas
do sextante
e das estrelas
    Só me falta
    chegar

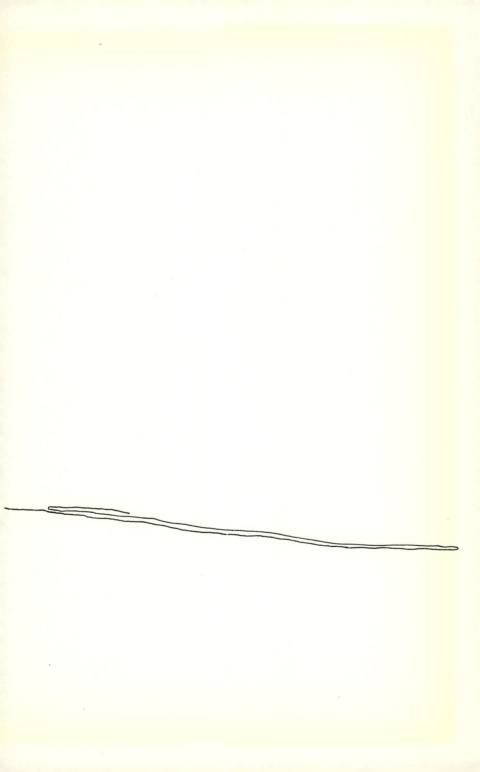

Rosa dos ventos

Nem mesmo
aquele medo
frio, movediço
mostra o caminho

Por que mesmo
meu passo?
Até onde
o deserto?

A volta

Falso
instante:
nem espera
nem adeus

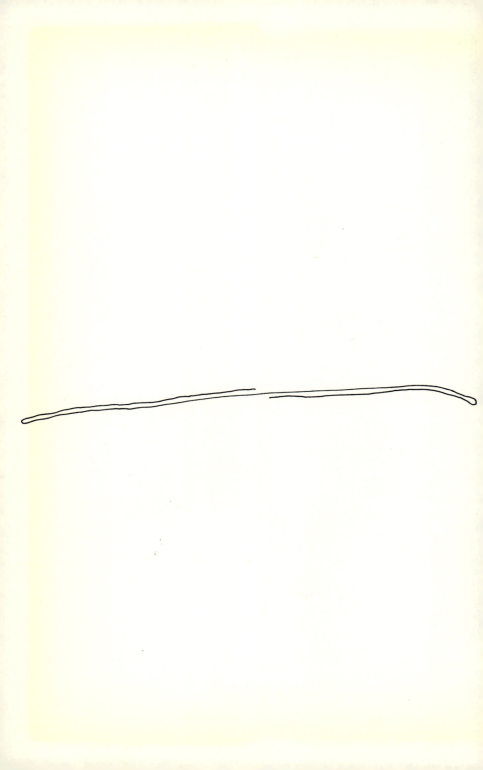

Legado II

Estas
poucas
palavras
e a chave do mar

ESTA OBRA FOI COMPOSTA POR 2 ESTÚDIO GRÁFICO
EM MERIDIEN E IMPRESSA PELA RR DONNELLEY
EM OFSETE SOBRE PAPEL PÓLEN BOLD DA SUZANO PAPEL E CELULOSE
PARA A EDITORA SCHWARCZ EM OUTUBRO DE 2010